MONTAIGUT

SES COUTUMES — NOTES HISTORIQUES

PAR

L'Abbé CAZAURAN

Archiviste du Grand Séminaire d'Auch

DAX
IMPRIMERIE TYPOGRAPHIQUE ET LITHOGRAPHIQUE HAZAEL LABÈQUE
Rues Neuve et Saint-Vincent
—
1888

MONTAIGUT

SES COUTUMES — NOTES HISTORIQUES

PAR

L'Abbé CAZAURAN

Archiviste du Grand Séminaire d'Auch

DAX

IMPRIMERIE TYPOGRAPHIQUE et LITHOGRAPHIQUE Hazael LABÈQUE

Rues Neuve et Saint-Vincent

1888

MONTAIGUT

SES COUTUMES — NOTES HISTORIQUES

PAR

L'Abbé CAZAURAN

Archiviste du Grand Séminaire d'Auch

DAX

IMPRIMERIE TYPOGRAPHIQUE ET LITHOGRAPHIQUE Hazael LABÈQUE

Rues Neuve et Saint-Vincent

1888

MONTAIGUT [1]

Ses Coutumes — Notes Historiques

Un heureux hasard a fait tomber entre nos mains un grand parchemin fort endommagé (2) qui contenait les coutumes de l'une de ces bastides semées à pleines mains, au quatorzième siècle, sur les rives du *Midou*, aux confins de l'Armagnac. MONTAIGUT, fut le nom donné à la petite cité naissante, par Guillaume de Montaigut, chevalier et sénéchal du duché d'Aquitaine, agissant au nom d'Edouard II, roi d'Angleterre et duc d'Aquitaine.

Le lieu choisi pour la ville nouvelle portait le nom de *Las Bordes* : il était situé sur la rive gauche du *Midou* et se trouvait à deux kilomètres environ de *Monguillem*, autre bastide de la même époque, dont la fondation fut également l'œuvre de Guillaume de Montaigut.

Montaigut, maintenant compris dans le canton de Villeneuve-de-Marsan, eut le sort de la plupart des bastides purement royales créées au quatorzième siècle. Elle ne réussit jamais à sortir de son obscurité, bien différente en cela des cités landaises et gasconnes, en général, qui furent l'œuvre des archevêques, des évêques, des abbés, des comtes.

Il est manifeste que cette quantité des bastides frontières établies au quatorzième siècle sur les limites de l'Armagnac et des Landes occupés par les reis de France et d'Angleterre, ne sont pas autre chose que des lieux fortifiés où l'on attirait les habitants pour leur procurer la sécurité et le moyen de se défendre contre les voisins. Entre ennemis irréconciliables, comme l'étaient les français et les anglais, il fallait pour se sauvegarder autre chose que des châteaux. On créa donc de petites places fortes ou bastides dont tous les habitants devenaient les défenseurs.

Pendant la guerre de Cent-Ans, en particulier, nos bastides furent

---

(1) Nous adoptons cette orthographe pour le nom de *Montaigut*, mais nous croyons devoir faire remarquer que ce mot s'écrit souvent *Montégut*.

(2) La lecture de ce texte à moitié effacé présentait les plus graves difficultés. Nous n'avons réussi à le rétablir à peu près intégralement qu'avec la collaboration de M. l'abbé Dubord, curé d'Aubiet et de M. Paul La Plagne Barris, auxquels nous offrons nos meilleurs remerciements. Le parchemin original des *coutumes de Montaigut* appartient à un de nos amis, qui a bien voulu nous le communiquer.

disputées avec acharnement. Les souverains de France et d'Angleterre, ou plutôt leurs fidèles lieutenants y entretenaient généralement quelque officier pour diriger la défense des habitants. On fournissait des armes et des munitions aux consuls, on les subventionnait, on leur donnait des gages militaires.

Quelques évènements racontés dans notre *Histoire de Monguillem*, prête à être mise sous presse, fourniront la preuve que les bastides furent établies pour servir de refuge et de forteresse. Sans attendre la publication de notre livre, nous allons rappeler dans les notes placées à la suite des Coutumes, que Montaigut eut bien cette destination, durant la guerre de Cent-Ans.

Les coutumes de Montaigut ne présentent aucun caractère particulier. On retrouve la plupart des dispositions de ces chartes données au moyen-âge à nos villages, à nos petites cités de Gascogne. Au fond, elles ne diffèrent guère de celles de Geaune (1) qui leur ont servi de type, d'après le texte même qu'on va lire. Il nous paraît donc inutile de les accompagner d'un commentaire. La simple traduction paraît suffire. Nous réclamons l'indulgence du lecteur pour le texte français, à raison de l'incertitude que présentent souvent dans le parchemin original, des mots entiers, des lignes même que les injures du temps dérobent en partie au regard le plus sagace.

Nous visons moins, d'ailleurs, dans le français, à une traduction littérale qu'à une claire exposition du sens de la charte parfois rendu obscur par le langage du droit féodal et le mauvais état du texte latin.

---

(1) Nous avons entre les mains diverses copies des *Coutumes de Geaune*. Nous possédons aussi celle du *Paréage* qui fut prise sur l'original, en 1749, par le célèbre Paléographe Larcher, dont nous avons publié la biographie dans le *Souvenir de la Bigorre*, (t. IV). Cette dernière a pour titre : *Copie du paréage de Geune, mise en latin et en français*. L'auteur ne signe pas ; mais l'écriture est manifestement de Larcher.

COUTUMES
DE
MONTAIGUT (Landes)

Noverint universi presentes pariter et futuri, quod cum nobilis et potens vir, Dominus Guilhelmus de Monte-Acuto, miles condam seneschallus ducatus Aquitaniæ, predecessor noster, in creatione et fundatione novæ bastidæ de Monte-Acuto, Seneschalliæ Landarum, francalitias et libertates habitantibus et habitare volentibus, infra scriptas, ut ibi dictum est, nomine Domini nostri Regis et ducis, dedisset et concessisset et sigillo magno ceræ virentis instrumentum sigillare promississet, ad majorem roboris firmitatem (rerum in ipsis consuetudinibus contentarum?)

Nos Guilhelmus de Tholosa Senescallus Landarum visis et intellectis predictis consuetudinibus inferius scriptis quas de verbo ad verbum perlegi fecimus ad requisitionem et ad postulationem consulum et hominum predicte universitatis, habitantibus dictæ bastidæ seu habitare volentibus, concedimus, damus et ratificamus nomine Domini nostri regis et ducis et confirmamus addendo eisdem consuetudinibus quod in

Sachent tous présents et à venir que noble et puissant homme, le seigneur Guillaume de Montaigut, chevalier, autrefois sénéchal du duché d'Aquitaine, notre prédécesseur, donna et accorda les franchises et libertés ci-dessous écrites aux habitants présents et futurs de la nouvelle bastide de Montaigut, qu'il venait de créer et de fonder dans la Sénéchaussée des Landes. Comme le texte l'indique, ces coutumes furent données au nom de notre Maître Roi et Duc. Il fut promis que cet instrument serait muni du grand sceau de cire verte, pour lui donner toute l'autorité possible.

En conséquence, Nous, Guillaume de Toulouse, Sénéchal des Landes, après avoir vu et entendu les susdites coutumes ci-dessous écrites que nous avons fait lire dans toute leur teneur, à la requête et à la demande des consuls et des habitants de la susdite communauté, nous accordons, donnons, ratifions au nom du seigneur notre Roi et Duc, les susdites coutumes, en faveur des habitants présents de la dite

venditione animalium et pomorum suorum quorumcumque generis et status existant, cuicumque (emere volenti?) quocumque pretio quo ipsi vendere voluerint, illud facere possint et eis liceat, absque persolutione et exactione pedagii seu leudæ. Et illas consuetudines et francalitias supradictas teneri et perpetuo observari volumus. Cum approbatione, confirmatione et ratificatione magistri Densa, procuratoris regis judicis Seneschalliæ et Geraldi de Boneto, consulibus dictæ villæ de Monte Acuto. Et requisierunt me notarium infra scriptum, ut de prædictis omnibus conficerem publicum instrumentum ad utriusque partis (usum?) quod et feci et consuetudines prædictas recepi, scripsi ad sumendum inde publicum instrumentum. Tenor autem consuetudinum talis est:

Noverint universi quod nos Guilhelmus de Monte-Acuto, miles ducatus acquitaniæ Seneschallus, sequendo formam et tenorem *consuetudinum quas consulibus et Universitati* de Genoa in Tursano... donavimus.... similes cum aliquo additamento, vice et nomino Domini nostri regis et ducis acquitaniæ, de consilio pre dicti domini ducatus acquitaniæ, damus et concedi-

bastide de Montaigut, ou de ceux qui voudront s'y établir à l'avenir. Nous confirmons ces coutumes et nous y ajoutons que, dans la vente de leurs animaux et de leurs fruits, quels qu'en soient la nature, le genre, l'état, les habitants auront le droit et la liberté de les vendre en faveur de qui ils voudront, et au prix qu'ils voudront, sans qu'ils soient soumis à aucune redevance de leude ou de péage. Et nous voulons que les franchises ci-dessus soient à jamais tenues et observées, avec l'approbation, la confirmation et la ratification de maître Densa, procureur du roi, juge de la sénéchaussée et de Géraud de Bonet, consuls de la dite ville de Montaigut. Ceux-ci m'ont requis, en qualité de notaire soussigné, de rédiger dans l'intérêt des deux parties l'instrument public de tout ce qui précède. Je l'ai fait. J'ai écrit les coutumes susdites pour en dresser l'acte authentique et public. Voici la teneur de ces coutumes.

Sachent tous, que Nous, Guillaume de Montaigut, chevalier, sénéchal du duché d'Aquitaine, suivant la forme et la teneur des coutumes accordées par nous aux consuls et à la communauté de Geaune, en Tursan..... nous en donnons et accordons de semblables, sauf quelque addition, au nom du Seigneur notre Roi et Duc d'Aquitaine, de l'avis du seigneur de ce duché

mus novæ bastidæ seu villæ de Monte-Acuto quæ est in districtu ejusdem ducatus loco vocato de Las Bordas, diocesis adurensis quæ sunt ut sequuntur :

Primo quidem, quod per dominum nostrum regem, principem et ducem et successores suos, non fiet in dicta villa, talha, alberga, questa ; nec recipiet ibi dictus Dominus rex et dux aquitaniæ, nisi voluerint habitatores, nisi quod generaliter in aliis villis dicti domini regis et ducis idipsum facient.

Item quod habitantes in dicta villa de Monte-Acuto et in districtu aut in posterum habitaturi, vendere, dare et alienare omnia bona sua, mobilia et immobilia, cui voluerint ; excepto quod immobilia non possint alienare alicui personæ religiosæ, nec nobili, salvo jure domini nostri regis et dominorum a quibus res tenebuntur in feudum.

Item quod habitantes in dicta villa possint filias suas maritare libere et ubi voluerint et filios suos ad (ordines) facere promovere.

Item quod dominus noster rex et

d'Aquitaine, à la nouvelle bastide ou ville de Montaigut qui est dans le district de ce même duché d'Aquitaine, au lieu nommé *Las Bordes* dans le diocèse d'Aire. Voici les termes des franchises.

PREMIÈREMENT. — Le Seigneur notre Roi, prince et Duc, — non plus que ses successeurs — n'aura dans ladite ville aucun droit de taille, d'albergue et de quête. Le dit seigneur Roi et duc d'Aquitaine ne pourra *faire aucun recouvrement (?)* dans ladite bastide, si ce n'est du gré des habitants, à moins que toutes les autres villes dudit seigneur roi et duc, ne soient assujetties à ce même devoir.

DE PLUS, les habitants de ladite ville de Montaigut et de sa circonscription, ainsi que ceux qui y résideront dans la suite, pourront vendre, donner et aliéner tous leurs biens meubles et immeubles, en faveur de qui ils voudront. Il leur est toutefois défendu d'aliéner leurs immeubles en faveur des religieux ou des nobles, sans faire la réserve des droits du seigneur notre Roi et des seigneurs dont ils tiendront ces fiefs.

DE PLUS, les habitants de la dite ville seront libres de marier leurs filles à qui et où ils voudront et il leur sera loisible de faire promouvoir leurs fils aux ordres.

DE PLUS, le seigneur notre Roi et

dux aut bajulus suus, non capiet aliquem hominem in dicto loco, vel vim inferet, vel saisiet bona sua, dum tamen velit et fidejubeat stare juri : nisi pro mortuo aut de morte hominis, aut plagæ mortiferæ aut alio crimine pro quo compellatus pœnas corporales et mortem debet sustinere.

Item, quod ad questionem seu clamorem alterius, non mandabitur aut vocabitur aliquis habitator dictæ villæ, per gentes domini nostri regis, extra honorem dictæ villæ, super hiis quæ facta sunt in dicta villa, vel honore et pertinentiis dictæ villæ et super possessionibus dictæ villæ et honore earumdem.

Item quod nullus habitator dictæ villæ solvat clamorem extra dictam bastidam, nec etiam contumaciam, nisi per expensarum tantum...

Item, quod si aliquis homo aut fœmina de die intraverit ortos, vineas aut prata alicujus, sine mandato et volente cujus fuerint, postquam de mandato domini nostri regis et ducis vel bajuli sui, et domini de Stanno, quolibet anno defensum et inhibitum fuerit, solvat

duc, ou son baile, n'arrêtera personne dans ledit lieu, ne fera violence à aucun citoyen et ne saisira point ses biens, pourvu qu'*il promette d'y ester à droit*, (1) si ce n'est pour raison de meurtre, de blessures mortelles ou d'autres crimes pour lesquels le coupable est soumis à des châtiments corporels et à la mort.

De plus, aucun habitant de ladite ville ne pourra être appelé et cité à la barre des officiers du seigneur notre roi, sur la plainte et la réclamation d'un autre citoyen, hors de la juridiction de la ville, pour des faits qui se seront accomplis dans ladite ville, dans la juridiction ou les dépendances de cette même ville, ainsi que dans l'étendue des possessions et du territoire de ladite bastide.

De plus, aucun habitant de ladite ville ne sera obligé de payer les amendes pour des assignations hors de ladite bastide, ni les peines des contumaces, mais seulement les frais au demandeur. (2)

De plus, si quelqu'un, homme ou femme, entre, pendant le jour, dans les jardins, les vignes ou les prairies d'un autre citoyen, sans l'ordre ou contre la volonté du propriétaire, après que la défense en aura été publiée, tous les ans par ordre du seigneur notre roi et

---

(1) Pourvu qu'il veuille se présenter en justice et en donner caution.
(2) Le texte latin à peine lisible est confus. Nous donnons la traduction sous toute réserve.

IIII denarios morlanos consulibus dictœ villœ si habuerit unde solvat, ant ad arbitrium bajuli et consulum puniatur. Et pro bestia grossa quœ ibi inventa fuerit unum denarium morlanum consules percipient.

Item pro porco et sue solvatur unum obolum morlanum : et et pro capono uno aut pro quolibet alio porco, solvat dominus bestiœ unam pictam morlanorum.

Item quod si ancer ant alia avis consimilis fuerit inventa, pictam morlanorum nichilominus (solvat) dominus cujus fuerit bestia aut avis et damnum tenebitur emendare. Denarios vero quos pro hujusmodi emendis consules habebunt mittent in utilitatem dictœ villœ, et precipue in reparationem pontorum, itinerum et viarum. Alienigenœ nescientes quod dominus defensum incantavit pœnas non incurrent ante dictas, sed aliter ad cognitionem bajuli et consulum punientur. Et quicumque de nocte intraverit ortos, vineas et prata alicujus sine mandato aut voluntate illius cujus sunt ; et cum panno vel sacco aut capucone ant omni alio expleto fœnum abstulerit, domino nostro regi aut ejus parierio (?) 60 solidos morlanos sit incursus ; postquam de mandato domini nostri regis aut

duc ou de son baile ou du seigneur d'Estang, qu'il paye IIII deniers morlans aux consuls de ladite ville, s'il est solvable. Si non, qu'il soit puni au gré du Bayle et des consuls. Les consuls percevront un denier morlan pour chaque tête de gros bétail qui entrera, pendant le jour, dans les lieux réservés ci-dessus.

DE PLUS, il sera payé une obole morlane pour un verrat ou une truie en contravention. Et pour un castrat ou un autre porc quelconque, le maître de l'animal paiera une pite morlane.

DE PLUS, si l'on trouve en flagrant délit un oison ou autre volatile semblable, le maître de ces animaux ou volatiles, devra payer aussi une pite de morlans et réparer les dommages causés. Quant à l'argent qui proviendra de ces amendes, les consuls l'emploieront aux œuvres utiles pour la ville, et principalement à la réparation des ponts, des chemins et des rues. Les étrangers qui ne connaîtront pas les défenses portées par le seigneur, n'encourront pas les peines susdites, mais le bayle et les consuls leur infligeront tel autre genre de peine qu'ils jugeront convenable. Et quiconque entrera pendant la nuit dans les jardins, les vignes et les prés, sans l'ordre et le consentement du propriétaire, et dérobera la récolte, en se servant de toiles, de sacs, de capuces

ejus parierii quolibet anno defensum seu proclamatum. Et si tantummodo in manibus et sine aliquo explelo exceperit pro justitia in duobus solidis morlanis Domino nostro regi et duci aut ejus parierio sit incursus, et dampnum insuper emendabit.

Item, quod consules dictœ villœ instituantur sufficientes, moribus bonis, bonœ famœ, qui in manibus bajuli et consulum prœcedentium promittent officium suum fideliter adimplere et quoscumque invenerint in terris domino nostro regi et duci et ipsis consulibus pertinentibus talam facientes, revelare et nemini parcere pro pretio aut amore vel timore.

Item, quod consules dictœ villœ una cum procuratoribus seu officialibus domini nostri regis et ducis dictam villam possint custodire de die et de nocte et facere capere et enquestare delinquentes et malefactores et eos reponere in carceribus dictœ villœ domini nostri regis et ducis post judicis pronunciationem.

ou autres engins paiera LX sous morlans au seigneur notre Roi ou à son paréager, après que le Roi ou son paréager auront fait publier, chaque année, la défense de pénétrer dans ces domaines. Si le coupable n'a employé que ses mains, sans le secours d'aucun instrument, pour opérer le vol, il ne sera tenu, en justice, que de payer deux sous morlans au Seigneur notre Roi et Duc ou à son paréager et à réparer le dommage causé.

DE PLUS, on instituera dans ladite ville des consuls capables, de bonnes mœurs, ayant une bonne renommée, qui promettront, entre les mains du Bayle et des consuls précédents, de s'acquitter fidèlement de leur office et de dénoncer quiconque sera trouvé par eux causant quelque dommage dans les terres dépendantes du roi ou de leur autorité sans épargner personne par intérêt, affection ou crainte.

ITEM, les consuls de la dite ville, d'accord avec les procureurs ou officiers du seigneur notre roi et duc, pourront garder de jour et de nuit la dite ville, faire prendre et interroger les délinquants et malfaiteurs et les mettre dans les prisons du seigneur notre roi et duc, après la sentence du juge.

Item quicumque in dicta villa tenuerit falsam mensuram, falsum pondus, falsam canam aut aulnam domino nostro regi et duci aut ejus parierio in LX solidos morlanos puniatur.

Item carnifices qui carnes vendiderint in dicta villa bonas carnes et sanas vendent. Quod si bonœ et sanœ non fuerint carnes, per bajulum et consules pauperibus erogentur : et ille qui indutum pretium receperit, valorem exsolvat et in sex solidos morlanos, dicto domino nostro regi et duci aut ejus parierio et consilubus dicti loci et eorum mandato per œquales partes dividendos. Et licitum carnifici de unoquoque solido unum denarium sumere monete currentis. Et quicumque carnifex in hoc mandatum pretium excesserit, in duobus solidis et uno denario morlanis domino nostro regi et duci aut ejus parierio sit incursus.

Item quilibet pistor seu pistorissa aut quicumque alius panem facient ad vendendum in villa prœdicta habeant in unoquoque sextarii frumenti duos denarios morlanos et turtam tantummodo et hoc secundum magis et minus. Et si contra fecerit et amplius receperit panes capiantur et pauperibus tribuantur.

Item, quiconque dans ladite ville aura une fausse mesure, de faux poids, une fausse canne ou aune, sera puni d'une amende de LX sous morlans payable au seigneur notre roi et duc ou à son paréager.

Item, les bouchers qui vendront de la viande dans ladite ville, ne devront livrer que de bonnes et saines marchandises. Si les viandes ne sont pas bonnes et saines, le Bayle et les consuls les feront distribuer aux pauvres. Celui qui aura reçu un prix exagéré, en rendra la valeur et sera condamné à payer six sous morlans audit seigneur notre roi et duc ou à son paréager et aux consuls de ladite ville, et par leur ordre la distribution se fera par portions égales. Il sera permis au boucher de prendre un denier, monnaie courante, pour chaque sou. Et si quelque boucher, dépasse, en cela, le prix taxé, il sera condamné à payer deux sous et un denier morlans au seigneur notre roi et duc ou à son paréager.

Item, tout boulanger, toute boulangère ou toute autre personne qui fera du pain pour le vendre, dans ladite ville, aura droit à deux deniers morlans et à une seule tourte, et cela suivant le plus ou le moins, par *sestère* de froment. (sixième partie du sac?) Et si le boulanger se met en contravention et fait payer davantage, que son

— 12 —

Item, omnes res comestibiles, ex quo ad dictam villam fuerint deportata ad vendendum, non vendantur revenditoribus donec ad plateam fuerint deportatœ, dum tamen hoc prius ex parte domini nostri regis et ducis aut ejus parieri defensum fuerit et clamatum ; aliis vero possint vendere in principio. Et hoc deffensum durat a festo B. Johannis Baptistœ usque ad festum B. Michaelis. Et quicumque vendet, in quatuor solidos morlanos condempnetur. Perdix vero, lepus, cuniculus, vendantur ad pretium quod in foro ex parte domini nostri regis et ducis aut ejus paricrii fuerit proclamatum.

Item quicumque res comestibiles ad dictam villam asportaverint, volatilia sylvestrem bestiam, poma, pira et consimilia, non dent leudam.

Item quod consules dictœ villœ jurabunt se fideliter defendere et servare corpus domini nostri regis et ducis et membra, et dicti parierii et etiam jura sua.

Et officium consulare, quamdiu fuerint in officio sui consulatus, fideliter exequentur, nec munus nec pecuniam, ratione sui officii ab aliquo cupient per se nec per

pain soit saisi et distribué aux pauvres.

Item, aucun des comestibles portés dans ladite ville pour y être mis en vente ne sera cédé aux revendeurs avant d'avoir été présenté sur la place, si du moins la défense en a été faite et publiée par ordre du seigneur notre roi et duc ou de son paréager. Mais il est permis de vendre, dès le début, aux autres habitants. Cette défense est en vigueur depuis la fête de S. J. Baptiste jusqu'à la fête de S. Michel. Et quiconque l'enfreindra, sera condamné à quatre sous morlans. Que les perdrix, les lièvres et les lapins soient vendus au prix publié sur la place publique, par ordre du seigneur notre roi et duc ou de son paréager.

Item, quiconque apportera dans ladite ville des comestibles, de la volaille, des bêtes sauvages, des pommes, des poires ou autres choses semblables, ne devra point payer de leude.

Item, les consuls de ladite ville promettront par serment de défendre fidèlement et de protéger le corps et les membres du seigneur notre roi et duc et de son paréager, ainsi que leurs droits.

Ils s'acquitteront fidèlement des devoirs de leur charge consulaire, pendant toute la durée de leurs fonctions et ils ne recevront de personne ni présent ni argent, ni

alium, nisi quod de jure est concessum alicui officio existentibus.

Item communitas siquidem dictæ villæ in præsentia consulum jurabit domino nostro regi et duci aut ejus seneschallo, in novitate sua et ejus parierio, aut eorum mandato, bonum consilium et fidele præstare pro posse, dum tamen fuerint requisiti in prædicto loco, et quod ipsis dominis erunt boni et fideles.

Item instrumenta facta a publicis notariis, a domino nostro rege et duce aut a successoribus suis aut a seneschallis datis et dandis, habeant illam firmitatem quam habent publica instrumenta.

Item testamenta facta ab habitatoribus dictæ villæ in presentia testium fide dignorum, valeant licet non fuerint facta secundum solemnitatem legum; dum tamen liberi non fraudentur legitima portione.

Item omne debitum cognitum si clamor factus fuit, nisi infra XIV dies persolvatur, debitor solvat domino regi et duci aut ejus parierio aut eorum mandato XII denarios pro clamore, si vero negetur debitum, qui victus fuerit

par eux-mêmes ni par d'autres, à raison de leur office, en dehors de ce qui revient de droit à ceux qui exercent ces charges.

Item, la communauté de ladite ville, en présence des consuls, prêtera serment de donner bon et fidèle conseil au seigneur notre roi et duc ou à son sénéchal, ou à toute autre personne commise par eux, à l'occasion de son avénement, mais dans le cas, seulement, où elle serait requise de le faire dans ledit lieu. Les habitants jureront aussi d'être de bons et fidèles vassaux de leurs seigneurs.

Item, les instruments rédigés par les notaires publics créés ou à créer par le seigneur notre roi et duc, ou par ses successeurs, ou par les sénéchaux auront la même autorité que les actes publics.

Item, les testaments faits par les habitants de ladite ville, en présence de témoins dignes de foi, seront valables, bien qu'ils n'aient pas été rédigés avec la solennité prescrite par la loi, mais à la condition que les enfants ne seront pas frustrés de la part légitime qui leur revient.

Item, pour une dette avérée qui après assignation, ne sera pas acquittée dans les quatorze jours suivants, le débiteur sera tenu de payer douze deniers morlans au seigneur notre roi et duc, ou à son paréager ou à leur délégué, à

in XII denarios morlanos puniatur.

Item, si quis alicui verba contumeliosa et grossa dixerit, et si clamor super hoc fiat, domino nostro regi et duci et ejus parierio in XII denarios marlanos pro clamore, et pro estimatione injuriarum ad cognitionem curiæ dicti loci puniatur.

Item si quis aliquam ducat in uxorem, et cum ea mille solidos acceperit pro dote, ipse det uxori suœ, propter nuptias et agentiamenta quingentos solidos et hoc secundum majus et minus, nisi aliud pactum intervenerit inter illos. Et si maritus supervixerit et nullum de uxore infantem habeat, tota vita sua tenebit totam dotem ; et post mortem parentes uxoris aut hœredes dotem illam recuperabunt, nisi in perpetuum dederit marito suo. Et si infantes habeat ipsa mulier et supervixerit marito suo, recuperabit dotem suam et donationem propter nuptias : qua mortua infantes quos a marito habuit, donationem propter nuptias habebunt, aut ille quem suus maritus in suo testamento duxerit ordinandum.

raison de l'assignation. Mais si la dette est niée, celui qui sera condamné paiera une amende de douze deniers morlans.

ITEM, si quelqu'un adresse à un autre des paroles injurieuses et grossières et qu'il y ait plainte à ce sujet, l'insulteur sera condamné en douze deniers morlans envers le seigneur notre roi et duc et son paréager, à raison de la plainte. Et, pour raison des insultes, il sera puni au jugement de la cour dudit lieu.

ITEM, si quelqu'un se marie et qu'il reçoive mille sols pour la dot de sa femme, il constituera lui-même à son épouse une somme de cinq cents sols pour le gain de noces et le mobilier — et cela suivant le plus et le moins — (proportionnellement aux ressources des conjoints), — à moins qu'il n'intervienne un autre arrangement entre les époux. Et si le mari survit à sa femme dont il n'aura point eu d'enfants, il retiendra la dot sa vie durant. Après sa mort, les parents de la femme ou ses héritiers, rentreront en possession de la dot, à moins que l'épouse n'en ait disposé à perpétuité en faveur de son mari. Et si la femme a des enfants et survit à son mari, la dot lui fera retour, ainsi que la donation pour *gain de noces*. A sa mort, les enfants qu'elle aura eus de son mari, auront la donation *pour gain de*

| | *noces* ou bien cette somme appartiendra à celui des enfants auquel le père aura jugé bon de l'attribuer dans son testament. |

Item, si quis gladium contra aliquem extraxerit, licet non percutiat, domino nostro Regi et duci et ejus parierio in X solidos morlanos condampnetur, si vero percusserit, ita quod sanguis exeat, in XX solidos morlanos puniatur et dampnum vulnerato emendet, si mutilatio membrorum intervenerit in LX solidos morlanos puniatur pro lege domino nostro Regi et duci et ejus parierio et nichilominus propter mutilationem ad arbitrium bajuli et consulum aut majoris partis satisfaciat vulnerato. —. Si vero aliquis alium malitiose percusserit et moriatur de percutione quæ sufficienter per bonos et legales testes probari possit, nec seipsum defendendo hoc fecerit, cum moderamine inculpatæ tutelæ, morte moriatur. Et cum de eo justitia facta fuerit aut haberi non possit, bona sua ad hœredes suos libere devolvantur seu reddantur. Si vero homicida haberi non possit, et justitia fieri de eodem, dominus rex et dux cum ejus parierio habebunt in bonis suis octo solidos morlanos.

Item, si quelqu'un tire l'épée contre un autre, même sans le frapper, qu'il soit condamné à une amende de dix sols morlans envers le seigneur notre roi et duc. S'il frappe de manière à faire couler le sang, qu'il soit puni d'une amende de XX sols morlans et qu'il répare le dommage causé au blessé. Si le blessé a eu quelque membre mutilé, le coupable sera puni d'une amende de LX sols morlans, conformément à la loi, envers le seigneur notre roi et duc et son paréager, ce qui n'empêchera pas le bayle et le conseil communal, à la pluralité des voix, de condamner le coupable à réparer les dommages causés à la victime. — Mais si quelqu'un frappe avec malice un autre citoyen qui meurt de la suite de ses blessures, et qu'il n'ait pas eu recours à ces violences pour sauver sa vie, en se défendant légitimement, qu'il soit condamné à mort, si l'on peut suffisamment constater les sévices par de bons témoins reconnus par la loi. Et lorsque le coupable aura été exécuté ou qu'on n'aura pas pu s'emparer de sa personne, ses biens seront dévolus ou rendus à ses héritiers. Mais si on ne peut pas se saisir de l'homicide et en

— 16 —

Item latrones et homicidœ ad cognitionem bajuli et consulum punientur.

Item si quis in adulterio deprehensus fuerit currat villam, ut in aliis villis domini nostri regis et ducis est fieri consuetum, aut solvat domino nostro regi et duci aut ejus parierio, aut eorum mandato, XX solidos morlanos, et quod voluerit optionem habeat eligendi, ita tamen quod capiatur nudus cum nuda, ant vestitus, brachiis depositis, cum vestita, per aliquem de officialibus domini nostri regis et ducis et presentibus cum eo duobus consulibus aut aliis probis habitantibus dictœ villœ, aut aliis duobus aut pluribus unde quacumque fuerint, fide dignis.

Item quicumque in dicta villa venire voluerit seu habitare et mansionem facere, sit liber sicut ceteri habitantes in dicta villa.

Item, in qualibet platea domus seu ariali dictœ villœ longitudinis LX rasis et amplitudinis XV rasis, debet habere dictus dominus noster rex et dux et ejus parierius annuatim in festo Sti Andreœ Apostoli II denarios morlanos

faire justice, le seigneur roi et duc et son paréager prendront huit sols morlans sur les biens du coupable.

ITEM, les voleurs et les homicides seront punis au jugement du bayle et des consuls.

ITEM, si quelqu'un est surpris en adultère, qu'il soit, suivant l'usage reçu dans les autres villes du seigneur, notre roi et duc, condamné à courir (nu?) par la ville ou qu'il paye XX sols morlans au seigneur notre roi et duc ou à son paréager, ou à leur ordre. Le coupable aura le choix de la peine. Mais pour qu'il y soit soumis, il faudra qu'il soit surpris nu avec une femme nue ou habillé, mais braies baissées, avec une femme vêtue, par quelqu'un des officiers du seigneur notre roi et duc, accompagnés de deux consuls ou de deux habitants de la ville d'une probité reconnue ou de deux ou plusieurs autres personnes, d'où qu'elles soient, dignes de foi.

ITEM, quiconque voudra venir dans ladite ville ou y habiter et y élire domicile, jouira des mêmes libertés que les autres habitants.

ITEM, le seigneur notre roi et duc et son paréager prendront annuellement, à la fête de St-André, apôtre, II deniers morlans de censive, et cela, suivant le plus ou le moins, par emplacement ou ayrial de maison de la dite ville, dont la

censuales et hoc secundum majus et minus. Et sint in uno jornalitio quatuor casalatus et solvant pro quolibet III obolas morlanas in festo B. Andreœ apostoli, anno quolibet.

Item in quolibet jornalitio ad mensuram Marsani, habebit dominus feodalis in dicto festo sancti Andreœ anno quolibet IV denarios morlanos.

Item quod quolibet habitator seu vicinus habere possit furnum proprium pro pane suo decoquendo sive faciendo et quod ipsum teneat expensis suis propriis. Alii vero qui non habebunt furnum panem suum in furnis propriis dominorum qui ibi erunt decoquere teneantur, panem vicesimum pro furnagio soluturi.

Item mercatum fiet in dicta villa de Monte-Acuto quolibet die lunœ de quindena in quindenam.

Item quicumque in foro aliquem percusserit ad arbitrium bajuli et consulum puniatur secundum qualitatem delicti.

Item si bajulus pignoret aliquem post XV dies assignatos debitori ad solvendum, ille cujus erit debitum per alios XV dies custodiat pignorata ; quibus elapsis, ea vendat ad incantum, si voluerit ; et si pretium pignorati venditi excedat debitum suum, residuum habitum

longueur sera de soixante arrases et la largeur de quinze arrases. (1) Lejournal se composera de cinq casaux pour chacun desquels il faudra payer, tous les ans, à la fête de St-André, apôtre, trois oboles morlanes.

Item, le seigneur féodal prélèvera chaque année, à la fête de St-André, un droit de quatre deniers morlans par journal, mesure de Marsan.

Item, chaque habitant ou voisin, aura le droit d'avoir son four pour faire et cuire son pain et il l'entretiendra à ses frais. Mais ceux qui n'auront point de four, seront tenus de faire et de cuire leur pain dans les fours mêmes des seigneurs auxquels ils devront donner le vingtième pain pour droit de *fournage*

Item, il y aura, dans la ville de Montaigut, un marché qui se tiendra le lundi, de quinze en quinze jours.

Item, quiconque frappera un citoyen sur la place publique, sera puni, selon la nature du délit, au jugement du Baile et des consuls.

Item, si le bayle donne en gage au créancier les biens du débiteur après les quinze jours assignés à celui-ci pour se libérer, le créancier gardera le dépôt pendant quinze autres jours. Passé ce terme, il le vendra à l'encan, s'il le veut. Et si le prix retiré de cette vente excède

(1) L'*arrase* était une mesure de longueur en usage dans les Landes et l'Armagnac. On retrouve encore ce mot dans le patois du canton de Villeneuve-de-Marsan.

a dicto pignore teneatur reddere debitori.

Item bajuli dictœ villœ, in novitate sua et anno quolibet jurabunt in presentia consulum quod suum officium fideliter facient et munus aut pecuniam pro suo officio sive ratione sui officii non capient et unicuique jus suum pro posse reddent; et usus, libertates et consuetudines scriptas et non scriptas in omnibus, salvo jure domini nostri regis et ducis et ejus pericrii, custodient et defendent, et sub prœstato juramento inviolabiliter observabunt.

Item in dicta villa consules creabuntur annuatim die martis proxima post festum nativitatis domini, per consules proxime prœcedentes et prœdictos, cum consilio et de consilio bonorum virorum dictœ villœ quos consules anni prœcedentis sui consulatus ad hoc duxerint advocandos, et quod ipsi consules, finito et completo anno sui consulatus, debeant et teneantur reddere bonum computtum et legale infra unum mensem post exitum sui consulatus, consulibus post eos immediate secutis.

Item consules qui pro tempore fuerint, habeant potestatem vias publicas et malos passus reparandi : et si quis in dicta villa fœtentia, aut aliqua nocentia in

sa créance, il sera tenu de rendre le surplus provenant de la vente du gage, au débiteur.

Item, les Bailes de ladite ville, chaque année, à l'occasion de leur renouvellement, promettront par serment, en présence des consuls, de remplir avec fidélité leur fonction, de ne recevoir ni présent ni argent pour leur office ou à raison de leur office et de rendre justice à chacun, selon leur pouvoir. Ils garderont, défendront et observeront inviolablement, sous la foi du serment, les usages, les libertés et les coutumes écrites et non écrites, en respectant les droits du seigneur notre roi et duc et de son paréager.

Item, tous les ans, le mardi après la Noël, les consuls sortant de charge et les bailes, créeront de nouveaux consuls, après avoir pris l'avis et le conseil d'hommes sages de ladite ville, qu'ils jugeront bon de choisir parmi les consuls de l'année qui précéda leur propre administration consulaire. Et les derniers consuls, à l'expiration de l'année, seront tenus et obligés de rendre bon et loyal compte de leur gestion aux consuls qui leur succèderont immédiatement.

Item, les consuls en charge auront le pouvoir de réparer les voies publiques et les passages en mauvais état. Et si quelqu'un jette des ordures ou autres objets

villa jactaverit, per bajulum et consules puniatur.

Item nundinæ sint in villa prædicta, terminis assignandis, scilicet per quindecim dies durantes, incipiendo per VIII dies ante festum omnium sanctorum, quolibet anno, et per octo dies post festum. . . .
. . . . habebit dominus rex et dux . . . .
. . . .

Item quod nullus qui carcere fuerit detentus, cum per sententiam fuerit absolutus, nichil dare pro persongio solvendo teneatur.

Item quod habitatores dictæ villæ possint emere et vendere salem.

Item quod nullus interpellatus de duello, duellare, nisi voluerit, compellatur, sed aliter in persona jure se defendat. In aliis vero casibus, et ibi non scriptis seu non contentis, serventur ordo infra scriptus, usus et consuetudines villæ et curiæ Sti Severii. (1)

Item promittimus habitantibus et burgensibus dictæ bastidæ seu villæ de Monte Acuto et ratificare faciemus Domino nostro regi et duci, quod ipse et successores sui alicui alii personæ jus aut domi-

nuisibles dans ladite ville, qu'il soit frappé d'amende par le baile et les consuls.

ITEM, il y aura tous les ans dans ladite ville des foires, dont la date devra être fixée, pendant une période de quinze jours, huit jours avant et huit jours après la fête de la Toussaint. Le seigneur roi et duc aura. . . . .

(Le texte est mutilé)

ITEM, celui qui aura été détenu en prison, ne devra payer aucun droit de geôle, s'il est absous par sentence des juges.

ITEM, les habitants de ladite ville auront le droit d'acheter et de vendre du sel.

ITEM, personne ne pourra être contraint de se battre en duel, après y avoir été provoqué, s'il n'y consent, mais il pourra se défendre en personne, en usant des moyens légaux. Dans tous les autres cas, dont la mention n'est ni écrite n contenue dans cette charte, on doit observer la règle ci-dessous, s'en tenir aux usages et aux coutumes de la ville et de la cour de St-Sever.

ITEM, nous promettons aux habitants et aux bourgeois de la tite bastide ou ville de Montaigut — et nous ferons ratifier cette promesse par notre seigneur roi et duc — que ni le roi ni ses successeurs ne

---

(1) V. les *Coutumes de S. Sever* dans le tome VIII du Coutumier Général de France, de Richebourg.

nium dictœ villœ non dabit, aut transferet extra manum regiam, seu ponet. Et si de facto contigerit fieri, volumus quod alicui alii non teneantur in aliquo obedire quantumcumque expressam mentionem faceret de concessione presenti.

Item quod quilibet habitator dictœ villœ seu Bastidœ, aut in posterum habitaturi possint vedata facere in nemoribus suis, et quod in ipsis nemoribus et terris suis, quilibet facere possit et construere molendina, columbaria, pescas, plapœria, necnon omnia alia sibi utilia prout sibi videbitur faciendum. Et dictas donationes et terras, ad superfeodum tenebunt, ita quod dominus Rex et Dux venditor recipiat juxta quantitatem inferius contentam.

Item concedimus habitantibus dictœ villœ aut in posterum habitaturis, quod si forte in donationibus suis, terris eis traditis et (?) se tenere plus debito invenirentur post novam operationem quam tendit aut habebit(?) illud plus libere teneat et possideat sicut donationem suam, solvendo exinde domino feodali arriera capita et censum

transmettront à personne leurs droits et leur suzeraineté sur cette ville et qu'ils ne la laisseront point sortir du domaine royal. Et si, de fait, cette éventualité se produisait, nous déclarons qu'ils ne seront obligés d'obéir en rien à un autre qu'au roi, pour tant qu'on voulût alléguer et invoquer la présente concession.

ITEM, chaque habitant de ladite ville ou bastide, présent ou à venir, pourra établir des *bédats* (1) dans ses bois. Chacun aura aussi le droit de faire et de bâtir dans ses bois et ses terres, selon son bon plaisir, des moulins, des pigeonniers, des réservoirs à poissons, des clapiers et tout ce qui lui paraîtra utile pour son usage. Chaque habitant et bourgeois pourra vendre et céder et ses privilèges et ses terres à nouveau fief, pourvu que le seigneur roi et duc reçoive la part ci-dessous spécifiée de lods et ventes qui lui revient.

ITEM, nous accordons que si, par hasard, les habitants présents ou futurs de ladite ville se trouvaient posséder après une nouvelle vérification une étendue de terre plus grande que celle qu'on leur a accordée, ils auront la libre disposition de cet excédant comme de leur part respective, pourvu qu'ils paient, pour ce surplus, les arré-

---

(1) Ces *bédats* ne seraient-ils pas une clôture pour défendre l'accès contre la vaine pâture ?

debitum in instrumentis, secundum ipsius terræ quantitatem.

Item quod bajulus dictæ villæ una cum consulibus villæ aut aliquo de illis possint cognoscere et diffinire omnes causas coram se motas ; et quicumque a sententia seu judicio non contentus, se reciperet ad curiam villæ Sancti Severi aut ad illum seu ad illos ad quem aut ad quos de jure aut de consuetudine fuerit appellatum, valeat appellare.

Item concedimus quod nullus habitator seu burgensis dictæ Bastidæ seu villæ, opprimatur seu ponatur in carcerem propter argenti debitum, nisi de concilio consulum dictæ Bastidæ, aut ad requestam ipsorum consulum et ipsis consulibus presentibus ibi, aut aliquibus de illis.

Item quod ad denuntiationem alicujus non fiat inquesta contra aliquem burgensem dictæ villæ nisi ille qui contendit, probationem faciat. Et si probationem fecerit inquesta fiat presentibus consulibus dictæ bastidæ seu villæ aut aliquibus de illis Et si dominus aut bajulus tenet partem, faciat quod burgensis possit se defendere ad cognitionem consulum dictæ villæ.

rages d'impôt et de censive dus aux termes des registres pour l'excédant de terre qu'ils possèdent.

ITEM, le Bayle de ladite ville pourra, de concert avec les consuls de la ville ou l'un d'entre eux, instruire et juger tous les procès déférés à sa barre. Et quiconque ne sera pas content de leur décision, pourra faire appel à la cour de St-Sever ou à celui ou à ceux que le droit ou la coutume désignent pour l'appel.

ITEM, aucun habitant ou bourgeois de ladite bastide ou ville ne pourra être privé de la liberté et jeté en prison, pour dette d'argent, que de l'avis ou à la requête des consuls de la dite bastide et en leur présence ou en présence de quelques-uns d'entre eux.

ITEM, une dénonciation contre un bourgeois de la dite ville ne suffira pas pour le faire soumettre à une enquête, à moins que le dénonciateur ne fasse la preuve de son accusation. Et s'il fournit la preuve, l'enquête aura lieu en présence des consuls de la dite bastide ou ville ou de quelques-uns d'entre eux. Et si le seigneur ou le baile sont en cause, ils devront veiller à ce que le bourgeois puisse se défendre au jugement des

Item quod burgenses dictœ villœ non teneantur solvere vendas de possessionibus suis, nisi de una illarum XII denarios tantum et secundum magis et minus.

Item, concedimus, quod infra terminos inferius adnotandos undecumque sit padoencum dictœ bastidœ seu villœ, quodquod est ab agro vocato Tojosa usque ad aquam vocatam Loso et tantum citra quod . . . . se extendit in parte superiore infra dictos terminos; et inferius descendendo usque ad vicinam parochiam dictœ bastidœ seu villœ, et ultra in terris... certum nemus Domini nostri regis et ducis et domini de Stanno ..

Et etiam ubicumque licentiam prœdicti dominus Rex et dux et dominus de Stanno concedere possunt vel donare habent habitatores seu vicini dictœ bastidœ seu villœ omnem libertatem pascendi et cabanandi cum animalibus suis, cujuscumque generis fuerint, ligna capiendi et fustes, fructus sumendi, herbas pascendi et omnia alia manibus explendi et utendi : ermas, aquas, landas et alia consimilia prout eis videbitur aut placuerit facere facere et expletare.

consuls de la dite ville.

ITEM, les bourgeois de la dite ville ne seront tenus de payer les lods et ventes de leurs propriétés qu'à raison de XII deniers pour chacune seulement, selon le plus et le moins.

ITEM, nous accordons, dans les limites qui seront ci après désignées, comme pur *padoenc* de ladite bastide ou ville tout ce qui se trouve, depuis le territoire dit de Toujouse jusqu'à la mare (?) (l'eau) appelée Loso, à l'exception seulement de.... s'étend du côté d'en haut dans les limites indiquées, et, en bas, en descendant jusqu'à la paroisse (église ?) voisine de ladite ville ou bastide, et de plus, dans les terres, une certaine forêt de notre seigneur roi et duc et du seigneur d'Estang. (1)

Les habitants ou voisins de ladite bastide ou ville auront aussi la liberté pleine et entière de faire paître leurs animaux de toute espèce et d'élever des cabanes partout où le seigneur roi et duc et le seigneur d'Estang peuvent accorder ce privilège. Libre à eux encore de faire du bois, de prendre du bois de charpente pour bâtir, des fruits, de faire paître les herbes et d'user de tout le reste qui ne demande que le concours des mains. Ils pourront, enfin, disposer à leur guise des terres incultes, des

---

(1) Arnaud de Béarn. (*Invent. Poyanne*, p. 188.)

Prœdictas libertates dictis habitantibus et vicinis concessimus ex eo quod gentes habitarent ibi popularent et incolerent. In omnibus supradictis acta fuerunt prœmissa nostri regis Angliœ et ducis aquitaniœ, in Vasconia prœdicta : per dictum dominum seneschallum laudata, approbata, confirmata et ratificâta fuerunt, datœ apud Burdigalam anno domini millesimo trecentesimo vicesimo, die vero februarii vicesimo, regnante Eduardo regni Angliœ rege et duce aquitaniœ ac in prœsentia et testimonio Geraldi de Polanhaco, Johannis de Castex, magistri, Bernardi Verreria, Tholosœ notarii. Aymerici Sartandii, notarii, Petri de Nagsa, bajuli Montis Guilhelmi, Raymundi Sobran, domicelli et plurimorum aliorum et mei Petri Martini, aliàs dicti Francisci, regii ducatus acquitaniœ notarii, qui hanc cartam scripsi, recepi et signo meo consueto signavi.

Nous avons accordé les franchises ci-dessus aux habitants et aux voisins de Montaigut, afin que les gens vinssent habiter, peupler et cultiver ce territoire. Tout ce qui précède a été fait par ordre et de l'avis du seigneur notre roi d'Angleterre, duc d'Aquitaine, en Gascogne. Le seigneur sénéchal a loué, confirmé et ratifié ces dispositions à Bordeaux, le 20 février 1320, régnant Edouard, roi d'Angleterre, duc d'Aquitaine, résidant dans son palais de Bordeaux. Etaient présents comme témoins : Gérauld de Polanhac, Jean de Castex (?) M⁰ Bernard de Beyrie, notaire de Toulouse, Aymeric Sartandius, notaire, Pierre de Nagsa, baile de Montguillem. Raymond Sobran, damoiseau et plusieurs autres et moi Pierre Martin, *aliàs* nommé François, notaire du duché royal d'Aquitaine qui ai écrit, reçu et signé de mon sceau ordinaire cette charte.

— A la suite, en note : Id est tale. — (Suit la figure du seing du notaire qui se trouvait à l'original sur lequel cette expédition avait été faite par ordre du sénéchal des Landes, à la réquisition des consuls de Montaigut.)

Tel est le texte.

(*Seing* du notaire).

Nos autem Amalricus dominus de Oldomo, ducatus acquitaniæ seneschallus ad relationem dicti seneschalli Landarum, sigillum dictæ Vasconiæ seneschalli et ad requisitionem consulum prædictorum, ad majorem omnium promissorum valoris firmitatem, præsenti instrumento apponi fecimus in pendenti. — Et nos Guilhelmus de Tholosa seneschallus prædictus Landarum ad majorem omnium promissorum roboris firmitatem, sigillum nostrum fecimus apponi in pendenti.

Nous, Amalric de Oldom, sénéchal du duché d'Aquitaine, ouï le sénéchal des Landes, avons, à la requête des consuls de Montaigut, fait apposer le sceau pendant de nos armes à cette charte de coutumes pour donner toute la force possible à ces franchises. — Et nous, Guillaume de Toulouse, sénéchal des Landes, pour donner la plus grande autorité à ces coutumes, nous y avons fait apposer notre sceau pendant. (1)

---

(1) ERRATA.. — Des points de suspension (....) doivent suivre l'interrogation du premier *paragraphe* des *coutumes*. Le texte est partiellement illisible. — La ponctuation du paragraphe suivant est défectueuse. — Au *paragraphe* XXVII des *coutumes*, le mot *libere*, *librement* n'est point traduit dans le français. — Diverses autres fautes typographiques, sans importance, se sont glissées ailleurs, — ainsi le mot *aut* se trouve plusieurs fois écrit *ant*.
Le lecteur aura facilement redressé ces inévitables erreurs d'impression échappées à la lecture des épreuves.

NOTA. — Le parchemin contenant les *coutumes* de Montaigut a une hauteur de 71 centimètres. Sa largeur est de 58 centimètres. — Les cordons de soie rouge destinés aux sceaux pendants sont encore conservés à la partie inférieure de la charte qui compte soixante-et-onze lignes de texte très compactes. La cire des sceaux a complètement disparu.

II
NOTES HISTORIQUES

La ville de Montaigut, désormais fondée et dotée de coutumes particulières, fit partie de l'archiprêtré du *Plan*, d'après le *Livre rouge d'Aire*. (1) Son église, probablement romane, si l'on peut en juger par une petite baie du chevet qui dut appartenir à l'édifice primitif, son église, disons-nous, s'éleva à l'angle sud-est de la place centrale, où elle se dresse encore maintenant. Que reste-t-il du monument primitif ? Peu de chose, sans doute, car les guerres du quinzième siècle et celles du seizième ont tour à tour ruiné cet édifice qui présente aujourd'hui un très médiocre intérêt, au point de vue archéologique.

Le chevet plat et bâti en briques rouges, comme la majeure partie de l'église, est solidement soutenu, à l'est, par trois énormes contreforts entre lesquels se dessinent trois baies cintrées dont une, celle du milieu, paraît, seule, avoir conservé ses dimensions primitives. Les deux autres ont subi des retouches.

Les murs du nord et du midi sont également pourvus de trois contreforts et la façade occidentale du monument présente une belle tour, carrée à la base, et de forme octogonale dans les trois compartiments supérieurs munis d'ouvertures rectangulaires d'inégales dimensions.

La base de la tour, où l'on pénètre par une large arcade ogivale, constitue une sorte de porche extérieur voûté en berceau, sous lequel on passe pour entrer dans l'église par un portail à ogive flanqué de deux pyramidions et dominé par un arc en contre-courbe.

La nef unique de l'église s'abrite sous une voûte en berceau, dans la première travée, et en ogive dans la seconde travée, ainsi que dans la troisième. Celle-ci constitue le chevet, à fond plat, du monument. Tout paraît écrasé et produit une pénible impression.

L'église est placée sous le vocable de *St-Laurent*, dit le *Pouillé du diocèse d'Aire*. (2) Montaigut, ajoute le même document, « était autrefois du patronage épiscopal. » Mais cent ans à peine après sa fondation, un accord conclu entre Arnaud Guillem d'Aydie, évêque d'Aire, et noble

---
(1) V. notre *Pouillé du diocèse d'Aire*, p. 147.
(2) Ibid. p. 81.

Pierre Arnaud de Béarn, chevalier, seigneur de Pujo et co-seigneur de Montaigut, fit passer ce droit au seigneur local. (1)

Nous avons en main les préliminaires de cet acte très important, soit pour l'histoire de la bastide dont nous venons de donner les *Coutumes*, soit pour les annales de la Gascogne, alors désolée par la guerre sanglante de *Cent-Ans*. C'est l'*Enquête sur les ravages causés par les Anglais et les Français à Montaigut*. La longueur de la pièce ne nous permet pas de publier le document tout entier. Il nous suffira d'en donner une brève analyse.

L'état de lutte incessante dans lequel se trouve le pays, par suite des hostilités entre Anglais et Français, prive l'évêque et le chapitre d'Aire de tout revenu sur Sengoo (S. Gô), Pujo et Montaigut. Les hommes de guerre, peu respectueux des droits de l'Eglise, exercent surtout leurs déprédations sur les biens ecclésiastiques. Aussi, Arnaud-Guillaume (2) et le chapitre cathédral d'Aire prennent-ils le parti d'aliéner leurs droits sur Montaigut et les deux autres paroisses, pour les céder, moyennant une redevance, à Pierre Arnaud de Béarn, chevalier, co-seigneur de Montaigut et de Pujo.

Mais l'approbation de l'Eglise était absolument indispensable pour assurer l'exécution de cet accord. En conséquence, l'Evêque et le chapitre auront recours au Pape Martin V, que nous verrons bientôt intervenir. Avant de parler de la réponse du Souverain-Pontife, rappelons sommairement les circonstances dans lesquelles l'acte de vente eut lieu, à Aire, le 8 mars 1427.

Arnaud Guillem, évêque d'Aire et de Sainte Quitterie, est entouré de Pierre d'Aydie, Arnaud de Caunar, Arnaud Guillem de Sédirac, Jean d'Anglade (celui-ci agissant comme procureur de Fortaner de Sansac, absent), chanoines de l'église d'Aire, ainsi que de Pierre de Aula noba (Cazeneuve ?), Arnaud d'Arbus aîné, Arnaud Benoit (Benedict), assemblés au son de la cloche capitulaire. Là, il vend, par nécessité, à noble et

---

(1) L'*Inventaire des archives du château de Poyanne* (p. 193) signale une présentation à la cure de Montaigut, par noble Marguerite de Bayleux « mère tutrice et administreresse de Jeanne et Marguerite de Benquet ses filles et de feu Adam Benquet baron de Pujo. »

Le 7 juin 1513, elle propose, en effet, un sujet de la paroisse de Castandet. Le 5 sept. 1630, la marquise de Castelnau, dame de Montaigut, présente Jacques Arquier et le 18 novembre 1633, l'évêque d'Aire approuve la présentation de Pierre Terrado pour la cure de Montaigut, à la demande de la marquise de Castelnau.

(2) C'est le nom de l'Evêque d'Aire. Il était de la famille de Lescun. Il siégea à Aire de 1417 à 1427. (*Clergé de France*, t. 1, p. 407).

puissant seigneur Pierre Arnaud de Béarn, seigneur de Pujo, les fruits, revenus et dîmes de Pujo, (1) de Montaigut et de St-Gô, (2) avec le droit de patronage (sauf pour St-Gô, dont le patronage appartenait de tout temps à Pierre Arnaud de Béarn), moyennant une rente annuelle de soixante sols bons morlans. Il aura droit, en échange, à une rente annuelle de cinquante sols bons morlas, pour raison des églises de Pujo et de Montaigut et de dix sols pour l'église de St-Gô, bien que la dîme et le patronage de Saint-Gô soient la propriété exclusive de noble Pierre Arnaud de Béarn.

En outre, ce dernier promit de donner au chapitre d'Aire une croix en argent du poids de dix marcs, pour le service de l'église d'Aire, et de fonder un obit, au capital de cent écus d'or du coin de France.

La raison de la vente consentie par l'Evêque et le chapitre, est la désolation dans laquelle le pays se trouve jeté par les guerres continuelles entre Anglais et Français, nous l'avons déjà dit. L'autorité ecclésiastique ne peut pas suffisamment protéger les fidèles contre les incursions de l'ennemi. Le bras séculier sera plus efficace. D'ailleurs, mieux vaut pour l'évêque et le chapitre d'Aire une rente certaine qu'un revenu aléatoire, vu l'état de guerre constante entre les rois de France et d'Angleterre.

Les parties contractantes jurèrent de garder fidèlement les clauses de l'accord, dont l'approbation serait soumise au Souverain-Pontife. (3)

Martin V chargea Pierre de Momères, archidiacre d'Astarac et official d'Auch, d'étudier la question que Jean de Curia, mandataire de l'Evêque d'Aire et de Pierre Arnaud de Béarn devait lui soumettre, et d'appeler à sa barre des témoins capables de l'éclairer sur le jugement à prononcer touchant la vente des droits sur Montaigut et sur Pujo. L'official auscitain, muni de la bulle pontificale et de la requête du délégué d'Aire, sollicita des lettres d'officialité de Philippe II de Lévis, archevêque d'Auch.

Puis, il intima l'ordre formel à toutes personnes, laïques ou ecclésiastiques du diocèse d'Aire, de comparaître devant lui, à Auch, si elles en étaient requises, le mardi avant la fête de Ste-Cécile, afin de déposer sur

---

(1) V. le *Pouillé du diocèse d'Aire*, p. 94.
(2) Ibid. p. 100.
(3) Les témoins présents à la vente furent : Arnaud Guillem I de Lescun, évêque d'Aire et de Ste-Quitterie, Arnaud Guillem de Barrère, Augeret de Bindos, *aliàs* Bisquet, Bernard de St-Orens, Raymond de Brocars *aliàs* de *Rayet*, Jean de Bernard et Jean de Baulat, *publico auctoritate imperiali notario*. Ce dernier fit rédiger l'acte par un homme de confiance, ses occupations ne lui permettant pas de le faire lui-même.

l'amoindrissement et la dévastation des fruits décimaux de Montaigut et de Pujo. (1) Les témoins appelés furent : Laurent de Fabre, Guillaume Arnaud de Peyrère, de Pujo, curés de Montégut et de Pujo, Raymond de Lanobella, Aliàs de Caudere, Pierre de St-Corma, Etienne Lagume.

Les citations furent faites par le curé de Gaillère, P. Yrnacius, le 6 décembre 1427.

Fidèles à l'assignation, les témoins comparurent devant l'official et prêtèrent serment, suivant l'usage, en plaçant la main droite sur les quatre évangiles et le bréviaire présentés par Pierre de Momères, archidiacre d'Astarrac. Voici l'analyse des dépositions.

I. — Raymond de La Nobella, prêtre de Lembeye, diocèse de Lescar, prébendier, âgé de plus quarante ans, déclare que le fait de la vente des droits sur Montaigut et Pujo est hors de doute. Les guerres et les dépradations des bandes armées ont rendu nécessaire l'accord intervenu entre l'Evêque et Pierre Arnaud de Béarn.

On ne pouvait sauver les dîmes qu'en les faisant passer sous la main d'un homme capable de les protéger.

L'évêque d'Aire, poursuit-il, perçoit à Pujo le tiers des fruits décimaux et le chapitre les deux tiers. De plus, le curé de la paroisse reçoit douze ou dix-huit poules par *casal* (2) et il partage ce revenu avec les *ouvriers* (la fabrique) de son église qui en disposent pour la réparation de l'édifice sacré.

Les fruits décimaux de Montaigut, sont partagés entre l'Evêque d'Aire et les *ouvriers* (la fabrique) de la paroisse. Le prélat prend les trois quarts du revenu, la fabrique reçoit le reste pour l'entretien de l'église. Les *prémisses* des fruits et des revenus de la paroisse sont attribuées au curé de Montaigut.

La part de la dîme de Montaigut qui revient à l'Evêque d'Aire, s'élève à cinq charges (sarcinatas) de menu grain, seigle et millet et à autant de gros grain. Quelquefois ce chiffre a été dépassé.

Les désastres de la guerre sont tels, qu'on ne compte plus que deux paires de bœufs pour labourer la terre, dans la paroisse de Montaigut. A l'époque où le témoin habitait la localité, il y a dix ans, il y avait dans la juridiction plus de seize paires de bœufs et le revenu de la mense épiscopale était deux fois plus considérable qu'en 1427.

(1) La lettre de l'official porte la date du 23 oct. 1427.
(2) Le *casal* était une maison entourée d'une certaine étendue de terres cultivées par des tenanciers qui payaient une redevance annuelle. Ce mode de culture était le plus répandu. On le retrouve dans tous nos pays. Mais le mot *casal* indique aussi une mesure agraire.

Le témoin a vu comment les fruits décimaux de Montaigut devenaient la proie des voleurs et des gens de guerre. Il est avantageux pour l'Evêque d'aliéner ses droits sur Montaigut. Cette paroisse se trouvant sur la frontière anglaise et française est sans cesse exposée à tomber au pouvoir des partis opposés qui se disputent la contrée. D'ailleurs, cette localité est toujours menacée des déprédations des pillards et des petits voleurs embusqués dans les bois environnants.

II. — Arnaud Guillem de Peyrere, prêtre, recteur de Pujo, « âgé de 31 ans et plus, » a vu et il a entendu dire depuis moins de vingt ans, comment le revenu des dîmes de Pujo tombait au pouvoir des malfaiteurs, lorsque les officiers épiscopaux venaient le recueillir. N'ayant rien à redouter du prélat, les bandits s'emparaient des grains, même en les arrachant des greniers où ils étaient tenus en réserve.

Ne pouvant remédier à ce lamentable désordre, l'Evêque d'Aire a donné à rente les *dîmaires* de Pujo et de Montaigut, laissant le quart du revenu aux fabriques pour la réparation des édifices religieux, ce qui lui assurait un revenu moyen de 25 florins, monnaie courante.

C'est à peine, ajoute le déposant, si, année moyenne, l'évêque prélevait actuellement six à sept charges (sarcinatas) de grains dans Montaigut, par suite des guerres survenues récemment entre le seigneur de Montpezat, sénéchal d'Agenais, agissant pour le roi de France, et Pierre Arnaud de Béarn, qui tenait le parti des Anglais et co-seigneur de Montaigut. Les pillards, les voleurs, les hommes d'armes se jettent sur les biens ecclésiastiques et les ravagent sans ménagement parce que personne ne les protège. On entend les malfaiteurs dire en patois : « *Prenguam asso qué es dé la Gleiza.* »

Les ruines causées à Montaigut et à Pujo sont telles que tout revenu y sera fatalement anéanti pour l'Evêque, si on ne fait passer ces domaines sous une main capable de les défendre.

La misère est surtout à son comble, depuis le jour de Noël. A cette époque, le seigneur de Montpezat, avec toute son armée, s'est jeté sur Montaigut, dont il s'est emparé, pour en opprimer avec rigueur les habitants et les colons jusqu'à la fête de l'Assomption, au mois d'août, dévorant ou détruisant tout ce qui était fruits, blés, vins, comestibles, etc. Le désastre est si épouvantable que, depuis ce moment, les habitants sont réduits à la mendicité pour soutenir leur pauvre vie.

Il y a huit ans, on comptait encore dans la paroisse de douze à seize paires de bœufs pour le labour et l'exploitation des terres. Maintenant, depuis Noël, on n'en compte plus que deux paires ! Dans ces conditions, il est avantageux pour l'Evêque de faire passer les *domaines* de Montaigut et de Pujo sous l'autorité de Pierre-Arnaud de Béarn. Celui-ci, saura les défendre, les armes à la main, et assurer ainsi un revenu fixe à la mense épiscopale.

III. — Etienne Lacua ou Lagume, originaire et habitant de Pujo, âgé de plus de quarante ans, déclare que la ville de Montaigut, placée sur les confins des domaines royaux de France et d'Angleterre, a subi des ravages de toutes sortes, il y a longues années, comme tout récemment encore, par suite des luttes quotidiennes entre Anglais et Français, sans compter que les *Ligueurs* (1) et les pillards de tout ordre, se livrent à chaque instant à mille sortes de brigandages. D'ailleurs, la peste, la grêle, les tempêtes, les inondations, la gelée, les brouillards, les vents et d'autres calamités ont mis et mettent tous les jours cette malheureuse localité dans l'état le plus lamentable.

Montaigut est devenu un lieu désert ! Il n'y a plus que six habitants dans les murs de la ville ! Il y a vingt-cinq ans, on y en comptait encore plus de quarante. Durant cette période de vingt-cinq ans, les guerres et les malheurs des temps ont décimé la population qui se trouve surtout anéantie, depuis le jour de Noël. A cette époque, le Sénéchal d'Agenais fondit violemment sur Montaigut, à la tête de son armée, franchit le mur et les fossés de la ville et s'empara de tout ce qui lui tomba sous la main. L'occupation a duré jusqu'à l'Assomption. De sorte que les colons, les fermiers voisins de la cité, sont demeurés sans aucune ressource.

Les terres ne sont plus cultivées dans la campagne, où l'on ne compte que deux paires de bœufs. L'année prochaine, poursuit le déposant, il ne restera plus une tête de bétail, à cause de la guerre devenue permanente. Et ce qu'il y a de pire, c'est que le petit nombre d'habitants encore fixés à Montaigut, vont être obligés de quitter la localité, faute de ressources, tant sont immenses les désastres causés par les *Armagnacais, Anglais et Français* et les bandes de la *Ligue*. De cette façon, les droits de

---

(1) La *Ligue* naquit chez nous de l'impuissance du roi de France à protéger nos contrées. Les comtes d'Armagnac, de Foix, d'Astarac, le sire d'Albret et Mathieu de Foix s'assemblèrent dans une loge de bois, dit dom Vaissette, construite entre Aire et Barcelonne. A la vue des malheurs de la France, ils se promirent une étroite alliance et formèrent une *Ligue*. Mais on abuse de tout. Des pillards s'organisèrent en bandes armées, et ruinèrent le pays sous les couleurs de la *Ligue*. Nous en trouvons la preuve dans le document que nous analysons.

l'Evêque d'Aire se trouvent à peu près détruits par les excès de pillards nommés *voleurs de la religion.*

Les guerres ont réduit à la même extrémité la paroisse de Pujo, éloignée de Montaigut d'une grosse lieue. Dans ces conditions, mieux vaut faire passer ces dîmaires sous un bras puissant qui les défende.

IV. — Guillaume de Demo, originaire de Mont-de-Marsan, actuellement domicilié de Pujo, et âgé de 36 ans et plus, déclare qu'il a vu, il y a quelques années, Pierre Arnaud de Béarn prendre à ferme les dîmes de Pujo et de Montaigut pour la somme de 25 florins, monnaie courante valant communément neuf ou dix écus d'or du poids de trois deniers, du coin du roi de France. Une autre année, le prix du fermage de la dîme s'est élevé à 25 florins, frais déduits. L'année présente, 1427, le revenu du grain est presque nul, celui du vin est de deux pipes. Trois quarts de la dîme appartiennent au chapitre d'Aire, l'évêque a seulement un quart.

A Montaigut, les vignes ne sont plus cultivées, à cause des guerres ininterrompues et des calamités dont le pays est écrasé. Autrefois, le dîmaire de cette paroisse valait au moins quinze pipes de vin dans les bonnes années et six pipes environ dans les mauvaises récoltes. Le grain est lui-même réduit à presque rien. La principale cause d'un état si lamentable, se trouve dans la récente occupation de Montaigut, le 24 décembre 1426, veille de Noël, par les troupes du sénéchal d'Agenais. La disparition du bétail de labour rend la culture des vignes, maintenant abandonnées, absolument impraticable. Il reste à peine deux paires de bœufs, à Montaigut.

V. — Pierre de S. Corme, natif et domicilié de Pujo, âgé de 40 ans, parle de la pauvreté des grains dans la paroisse de Pujo. Il y a trois ans, à peine, c'est-à-dire avant les fléaux de la peste et des dernières guerres, le revenu de la dîme était deux ou trois fois plus considérable. De dix pipes de vin qu'on prélève à Pujo, une seule appartient, cette année, à l'Evêque d'Aire et encore le quart de cette pipe, revient-il, suivant une coutume ancienne, à l'église de Montaigut. Depuis quarante ans, depuis vingt-cinq surtout, les revenus de Montaigut se sont bien amoindris, à cause des guerres et des calamités des temps. Aujourd'hui principalement, par suite de l'occupation de cette ville par le sénéchal d'Agenais, la dîme des grains ne donne presque rien. La dîme du vin valait autrefois à l'évêque, dans la localité, de dix à quinze pipes, dont les trois quarts appartenaient au prélat.

L'année prochaine, il n'y aura plus de dîme de vin dans la paroisse, car les vignes se trouvent abandonnées depuis la dernière occupation par noble de Montpezat. Le mal est tel, dit le témoin, qu'on ne parviendra jamais à y remédier. Dans trois ans, le territoire de Pujo ne sera plus lui-même qu'une forêt, un pays hérissé de ronces et d'épines, à cause des guerres tous les jours plus meurtrières. L'aliénation des dîmes de Pujo et de Montaigut se trouvaient ainsi pleinement justifiées.

C'est ce que pensa l'official d'Auch. Pierre-Arnaud de Béarn, déjà co-seigneur de Montaigut, devint donc patron de l'église de Montaigut et acquit un droit absolu et irrévocable sur les dîmes des paroisses soumises à l'enquête.

Montaigut, au temps où nous sommes arrivés, était dans le domaine du roi d'Angleterre, mais comme la plupart des villes d'Armagnac, cette bastide avait tour à tour appartenu à la couronne de France et à celle de la Grande-Bretagne. Que de changements de maîtres dans l'espace d'un siècle !

Au fond, la petite cité était éminemment française par le cœur, tout comme sa voisine Monguillem. En veut-on la preuve ?

En 1339, dix-huit ans environ après sa naissance, déjà elle soupire après la joie de faire partie de la grande famille de France. Voyez-la désigner ses consuls pour solliciter l'honneur « d'être du propre domaine et de la puissance du roy de France ! » Nous empruntons ce détail à l'*Inventaire* des archives du Comté d'Armagnac, conservé au Trésor de Rhodez. (1) Ce document s'exprime ainsi dans l'analyse d'un titre *coté* XXI :

« Coppie d'une cedule appellatoire présentée par les consuls, manans et habitans des lieux et bastides de Montagut et de Monguillem dattée de l'an mil troys cens trente neufz prinse par maistre Vidal de Camisia, notaire, contenant appel interjecté par les susd. consulz de Mre Guillaume Barthe, juge de Rieux et Pierre de Casarnis juge de Agenoys commissaires depputés par le sénéchal de Perregort, et juge-maige de Agenoys, de ce que jaçoit les dits lieux et bastides *fussent du propre domaine et de la puissance du roy de France*, ils avoient ordonné les susdits lieux appartenir au comte d'Armaignac. »

Nous ignorons si les vœux des consuls et des habitants de Montaigut et de Monguillem furent entendus à cette occasion, mais nous savons, à

---

(1) L'*Inventaire* fut rédigé en 1572, sur l'ordre de Jeanne d'Albret reine de Navarre, comtesse d'Armagnac.

n'en pas douter, qu'en 1368, nos deux chères bastides appartenaient à la France. Le roi Charles V les fit passer dans le domaine du comte d'Armagnac par suite d'un traité conclu entre ce monarque et son puissant vassal. (1) « Savoir faisons, dit le roi, que comme nous ayons fait certain accort et traicté avecques notre tres chier et ami cousin le comte d'Armaignac sur certaines choses touchant les renonciations et la souveraineté et ressort du pays et duchié de Guyenne, nous audit comte avons promis et promettons de bonne foy et en parole de Roy, lui donner et octroyer pour lui ses hoirs et successeurs, et qui de lui auront cause, faictes toutefois et accomplies les conditions mises au dict traicté, les cités, villes, chasteaux et forteresses qui s'ensuivent, c'est assavoir : les comtés de Bigorre et de Gaure, item les lieux et ville Montroyal (Montréal-Gers) de Mesin, de Francesquas, d'Astefort, de Lavardat, de Fagerolles, de Cauderonne, de Vienne (Viane), du Mas d'Agen, de Lyars (Layrac ou Lialores), de Sarrefont (Sarron, dans les Landes), de MONTAGUT, MONGUILLEM, etc.. etc. »

Les hasards de la guerre firent, plus tard, repasser Montaigut sous la domination de l'Angleterre, comme nous l'avons vu, et ce fut en vain, qu'en 1426, noble de Montpezat, sénéchal d'Agenais, essaya de ramener définitivement la petite cité sous le gouvernement des rois de France. Après huit mois d'occupation (du 24 décembre 1426 au 15 août 1427), Montaigut retomba sous la juridiction de Pierre-Arnaud de Béarn, (2) en attendant que Jeanne d'Arc chassât à tout jamais les Anglais du royaume de France.

---

(1) *Astafort, en Agenais*, par M. Baradat de Lacaze, p. 35 — *Paris* — *Champion*.

(2) La famille de Béarn parait avoir été fermement attachée à la couronne d'Angleterre. Nos archives du Grand Séminaire d'Auch possèdent un document, écrit le 20 septembre 1442, dans lequel noble *Mossen Johan de Béarn, cavaler*, proteste énergiquement contre certains articles de l'accord fait entre les comtes de Foix et d'Armagnac et contraires aux intérêts de la Grande Bretagne. Le mauvais état d'une partie du parchemin ne nous permet pas de le reproduire en entier. Il suffit, du reste, pour en indiquer l'esprit, d'en citer quelques lignes.

« Conegude cause sie a totz que lo noble mossen Johan de Béarn, cavaler, constituit en presenci de mi notari e deus testimonis de jus scriutz estant aqui present lo noble mossen Bernad Darribera Senescau d'Armagnac vist legit et audit un article de certan accord enter los trespuissantz et redoptables senhors mossen los comtes de Foix et Darmagnac sus las confirmacions de lors patz feytes per abocat enter los dixs que cum lo apparie lodict article sie en preiudici de luy en tant cum es tengut jus lo poder et es de la hobedience deu tresexcellent trespuissant prince et tres redoptable et tressobiran senhor lo rey d'angleterre cuma duc de Guiayne, protesta expressemens » et il déclare ne point ratifier l'accord, etc. (N° 2856 de nos archives du Grand Séminaire).

La baronnie de Montaigut passa dans la maison de Luxe (1) durant le quatorzième siècle. Cette terre devint même l'objet d'une série de transactions. Noble et puissant Jean de Luxe la revendit bientôt à Jean de Benquet. (2) Le fils de celui-ci, Robin de Benquet, en disposa, le 28 avril 1485, en faveur de Perarnaud de Lanefranque, doyen de l'église collégiale du Saint-Esprit de Bayonne et maître Jacques de Laborde, syndic de cette même église. (3)

Ce document, dont nous devons la communication à un de nos amis, vaut la peine d'être analysé avec quelque détail.

La vente de la baronnie de Montaigut a lieu par devant Antoine de Tilh, lieutenant du sénéchal des Landes, au siège de St-Sever et de Bernard de Capdeville, bachelier en droit canon et civil, avocat du roi dans la sénéchaussée des Landes. Le contrat a pour objet « tot aquet castet noble, hostau, maison et loc de Montagut, ab tote sa universitat baronie, senhorie, et gentilesse. »

Robin de Benquet, écuyer, seigneur de Benquet, de Ste-Croix, etc., tenait ce domaine en paréage avec le roi. La terre de Montaigut, confronte, dit le texte, « ab la terre deu senhor d'Onhoas aperade Eyres d'une part, ab terre deu senhor de Arimles (Rimblès) d'autre part, ab terre de Monguillem, d'autre part, ab terre deu senhor de Fontans (Hontans), d'autre part, ab terre deu senhor de Castez, lo Mieydor (Midou) enter dus, d'autre part, ab terre deu senhor de Teusosin (Tachousin), (4) lodict Mieydor (Midou) enter dus, d'autre part, ab terre deu senhor de Camorteres, d'autre part »

La vente eut lieu pour la somme de 20000 écus « condau XVIII sos de jaques per cascun scut et vj arditz per cascun soo et dus jaques per cascun ardit monede apresent corsable en lo present pais. » Ces monnaies avaient été frappées avec le métal d'un calice en or et d'autres objets donnés à l'église du Saint-Esprit par le roi Louis XI. Le monarque avait ordonné d'acquérir des rentes pour la somme provenant de ces vases précieux. « Feyts (les écus) batutz, foryatz de ung calicem d'aur et autres engens balhatz a ladite Glisie deu Sant-Esprit per lo defunt rey

---

(1) *Archives du château de Poyanne*. — Vente de Montaigut au chapitre du Saint-Esprit (Bayonne).

(2) *Ibid.*

(3) *Ibid.* — La pièce est écrite en roman.

(4) Autrefois annexe de Mauléon. — V. notre *Pouillé du diocèse d'Aire*, pp. 78 (note) et 79.

Loys darreremont trepassat que Diu absolvi, et per comandement et
deliberation deu rey nostre senhor et son grand conseilh ordenat et
apuntat que fossen crompades rendes segon dixon. »

Robin de Benquet, retenu par diverses affaires, ne put pas assister en
personne à la vente de la baronnie de Montaigut. Jean de Brocars,
alids de Rotger, *son châtelain de Poyoi*, fut constitué son procureur par
acte du 25 avril 1485, retenu à Benquet, en présence de Nicolas
Dosamai, Petit Jean de Balhi, bailo de Ste-Croix, Bernard Jean Campagne, marchand, bourgeois de Mont-de-Marsan, Bernard Dabadie, Jean
de Lesparre et Perroton de Cassanhe.

Muni des pouvoirs de noble de Benquet, Jean de Brocars procéda à la
vente de la terre de Montaigut, et reçut des mains du doyen de l'église
collégiale du Saint-Esprit, Barthélemy Lancfranque, le complément de la
somme déjà payée à Robin de Benquet. Prenant dans ses mains « lo
fust (bois), *terre* et *herbe*, » Jean de Brocars fit passer au pouvoir du
doyen et du syndic « de l'église collégiale de Bayonne » la terre de
Montaigut avec tous ses droits et privilèges « homis, subjets, homies-
ses, (1) segrament de fidelitat, etc. »

La transmission eut lieu par l'entremise du lieutenant de la sénéchaussée et de la Prévôté des Landes qui, prenant *lo fust, terre et erbe*,
les remit aux acquéreurs « en senhau de bon et beray imbestiment et
saisine deucau imbestiment et causes susdites losdits crompadors
requerin instrument. »

Aussitôt, les habitants de Montaigut (*sujets, vesins et habitans deudit
loc*) furent invités à prêter serment de fidélité au nouveau seigneur,
suivant la coutume, à la condition que le Doyen de la collégiale du Saint-
Esprit commencerait par s'acquitter du même devoir envers eux « sus
lo libre missau et sus lo sant *Teigitur* la sante veraye crotz dessus
pausade. »

Barthélemy Lancfranque et le syndic du chapitre prêtèrent, en effet,
solennellement serment, dans l'église de Montaigut, d'être de bons et

---

(1) Quand on vendait ou donnait une terre, au temps de la féodalité on la transmettait
avec les *hommes et les femmes et les tenanciers de toute classe*, comme on le fait encore de nos
jours. Lorsqu'on vend une maison louée ou une terre affermée, on cède du même coup
les locataires et fermiers qui sont obligés de continuer leur bail et de payer les loyers
au nouveau propriétaire. Il faut donc se garder de croire que le langage de notre texte
roman ferait supposer que les habitants de Montaigut furent vendus à la façon de vils
esclaves. Le christianisme avait depuis longtemps rendu la liberté à l'homme ignoble-
ment traité par la loi barbare du paganisme.

loyaux seigneurs, et de maintenir les habitants dans leurs fors et coutumes et de les défendre contre leurs ennemis.

Le serment fut reçu sur l'*autel S. Laurent*, par Bernard de Lacave, Jean de Bordes, Bertrand Darrosas et Johannet de Larochere, jurés de Montaigut qui tenaient dans leurs mains le missel et le *Teigitur* surmonté de la croix.

Cela fait, les nouveaux seigneurs prennent, dans leurs mains nues, le missel sur lequel est placée la croix et reçoivent, à leur tour, le serment de fidélité des habitants et voisins de Montaigut, en tête desquels marchent les jurats que nous venons de nommer plus haut. (1)

Après la cérémonie, on se rend de l'église au château, dont les délégués du chapitre du Saint-Esprit de Bayonne prennent possession en recevant dans leurs mains les clés et les verrous qu'ils mettent en fonction. Ils entrent dans le château, ils en sortent et en ferment les portes. Puis, ils passent aux portes de la ville de Montaigut suivis de tous les assistants. On leur remet les clés et les verrous « de las portes et portaus deudit loc » qu'ils ouvrent et ferment en signe de prise de possession de la cité.

Jean de Brocars, procureur de Robin de Benquet, jure alors, au nom de ce dernier, que le vendeur fera fidèlement garder toutes les clauses de l'accord dont l'instrument public est aussitôt dressé.

Ainsi fut vendue la baronnie de Montaigut, le 28 avril 1485, « sous le pontificat d'Innocent VIII, dit l'acte, le règne de Charles roi de France, Pierre cardinal de Foix, étant évêque d'Aire et de Ste-Quitterie. » (2)

L'*Inventaire* des Archives de Poyanne signale deux autres *reventes* de la terre de Montaigut (p. 181) : la première, en date du 7 mars 1524 (elle

---

(1) Voici les noms de ceux qui prêtent le serment de fidélité : Bernardon de Loste, baile de Montaigut, pour le roi, Bernard de Romat, baile pour le seigneur de Benquet, Bernard de Caucabane, Bernard Lague Massicot de Richard, Bertrand de Loste, Menjon de Loste, Gaixie de Tilhos, Guiraud de Galabert, Pe Dairies, Bertrand de Saint-Marc, Pe de Berger, Ramon de Lacave, Bertrand de Lacave, Perroton de Nautiron, Guillem Cave, Bernadon de Tebernes, Ramon de Mibielle, Johan de Tebernes, Johan Darraboa, Ramon de Lacave, Bernadou de Loste, Johan Darrosees *aliàs* Lobon, Pe Destang, Johan de Berges, Peyrot Darrosees, Bugar Cave, Jehanet de Tebernes, Johan Dairie, Ramon deu Cos, Perarnaud de Lafite, Johan de Lacave, Johanet de Loste et Bernard de Loste « besins et habitans deudit loc de *Montagut*. » (Archives du château de Poyanne. — Vente de Montaigut.)

(2) Les témoins du contrat furent noble Carbonel de Bassabat, écuyer, seigneur de Castets et de St-Julien, Jean de Cave, Jean de Loste, Arnald Laberrie et Arnald de Montaigut, prêtres, Bernard Jean Campanhe, marchand et bourgeois de Mont-de-Marsan, Pierre de Caucabane, et Bernard de Caucabane, marchands, voisins de Montaigut et habitants de Monguillem et Jean Artiganova, not. du clergé du diocèse d'Aire, qui rédigea l'acte de vente, conjointement avec Arnaud de Perollio, not. et greffier.

fait mention de la dîme et des autres droits de Montaigut,) la seconde, en date du 10 juin 1548.

Comme la plupart des autres paroisses du diocèse d'Aire, Montaigut tomba au pouvoir des protestants commandés par Montgommery, à l'époque des guerres de Religion (1569-1570). Son église et celle de son annexe, S. *Jean du Maucap ou du Bourdalat*, subirent toutes les violences des huguenots. François Talazac et son frère, tous deux protestants, leur enlevèrent une custode, deux calices d'argent, deux pluviaux en satin rouge, « les capes et diacres » (dalmatiques), brûlèrent les livres et le linge sacré, renversèrent les autels et brisèrent tous les meubles du curé. Puis, ils mirent le feu à la maison des *fabriqueurs* (marguilliers) de Montaigut.

Jean Mimbielle, prêtre, installé dans la paroisse en 1571, après les troubles, y faisait les offices divins, mais avec beaucoup de difficulté, car tout manquait au culte. Il ne pouvait même pas payer les dîmes et satisfaire à ses autres charges. (1)

Le curé de la paroisse n'était pas seul tenu à des redevances féodales. Tous les habitants de Montaigut, aux termes des coutumes que nous avons lues plus haut étaient soumis à de nombreux *devoirs* envers leur seigneur. Nous les voyons présenter leur *Reconnaissance générale* en faveur de noble Jean de Valier, leur nouveau seigneur, le 4 octobre 1597. (2) Or, veut-on connaître une partie de leurs obligations ? Il suffit de jeter un coup d'œil sur le document que nous venons de signaler. Les habitants de Montaigut y confessent devoir le fief à raison de quatre liards par journal « lequel journal est de vingt-cinq lattes et la latte de la longueur de six pans. » Ils doivent, en outre, au seigneur, une poule pour droit de fouage, quelques jours de travail avec leurs bœufs et leurs charrettes, « selon leur pouvoir avec leurs habits et outils. »

Ils reconnaissent la banalité des moulins, la banalité du pressoir, acceptent le péage, se soumettent à la *mayade*, à l'obligation d'aider au transport des gerbes du seigneur et consentent à payer la dîme *de dix un* et les droits de *lots* et *ventes*. (Impôt de mutation.)

La *mayade* dont il est question dans ce texte était un privilège féodal, en vertu duquel le seigneur avait la faculté de choisir un mois de l'année pour vendre et débiter son vin. Pendant ce temps, nul habitant

(1) *Pouillé du diocèse d'Aire*, p. 81.
(2) *Inventaire des archives de Poyanne* (p. 149.)

de la localité ne pouvait vendre au détail aucune sorte de vin, sans le consentement du seigneur. « En cas de contravention, dit la coutume de Toujouse et de Monguillem, le vin qui se trouvera en perce doit être confisqué au profit dudit seigneur et le bois brûlé à la place publique. »

En vertu de la *banalité* des moulins bâtis aux frais du seigneur, les habitants de Montaigut étaient tenus d'aller moudre leurs grains de toute espèce, pour leur dépense ordinaire et extraordinaire, aux moulins du seigneur. Celui-ci avait le devoir de veiller à l'entretien des moulins. Ces dispositions étaient communes à toutes les localités. Partout aussi, il était réglé que si les moulins venaient à subir un grave dommage par suite d'une inondation ou autrement, tous les habitants de la baronnie devaient, à tour de rôle, se prêter au rétablissement et à la restauration de l'usine, soit avec leurs bras, soit par le concours de leurs bœufs et de leurs charrettes. Le seigneur ne devait aux ouvriers, dans ces cas extraordinaires, que « la dépense ordinaire de bouche (1) ». En cas de refus, les réfractaires pouvaient être punis d'une amende de trois livres. (2)

Par la *banalité du pressoir*, le seigneur de Montaigut, comme tous les barons d'Armagnac, avait droit à une redevance sur le vin foulé chez lui. La coutume de Toujouse attribuait au seigneur de ce nom « le droit de prendre la huitième partie de tout le vin que les habitants faisaient pressurer à ses pressoirs. »

Il ne faudrait pas s'exagérer l'importance des corvées imposées aux habitants de Montaigut par le régime féodal. Nos prestations actuelles les ont avantageusement remplacées ! En général, chaque habitant de nos baronnies d'Armagnac devait au seigneur « trois journées et corvées vulgairement appelées *besiaus*, de leurs personnes et avec les bœufs et charrettes au choix et option dudit seigneur. » (3) Celui-ci était libre dans la détermination des jours de labeur exigés des *emphithéotes*. Il pouvait utiliser les prestations pour « ses vignes, prés, terres et étangs et autres biens situés dans lad. baronnie. »

La *censive* payée à Montaigut n'était pas considérable, puisqu'elle ne

---

(1) *Monguillem et Toujouse*. Aveu et dénombrement. (Archives de Villeneuve-de-Marsan.)

(2) L'*Inventaire* des archives de Poyane (p. 181) mentionne une lettre de M. Loubens par laquelle celui-ci reconnaît que ses métayers sont obligés d'aller moudre au moulin banal de Montaigut.

(3) *Monguillem et Toujouse*. — Archives de Villeneuve-de-Marsan.

montait qu'à *quatre liards* par journal. Elle était plus élevée dans les paroisses limitrophes de Monguillem et de Toujouse. Dans cette dernière, elle montait à quinze deniers « pour chaque journal de terre, fonds et héritage qui composaient le territoire de lad. baronnie. » (1)

Quant à la dîme inféodée proprement dite, elle n'était exigée, à Montaigut, qu'à raison de *dix un*. Elle atteignait un chiffre supérieur dans le voisinage, car les habitants des baronnies de Toujouse, Lagoarde et Monguillem, la payaient au seigneur « à raison de huit un de tous les fruits qui s'y recueillaient. »

La lecture méditée des Coutumes de Montaigut fait aisément comprendre la légitimité de ces redevances annuelles perçues par le seigneur. Le seigneur d'Estang et le roi d'Angleterre donnent des terres, à titre purement gratuit, à qui voudra en exploiter dans la juridiction de la nouvelle bastide. N'est-il pas raisonnable qu'en retour d'un tel bienfait, les fondateurs se réservent un modique tribut, à perpétuité, sur les domaines abandonnés aux habitants qui acquièrent ainsi des droits auxquels ils n'eussent jamais pu prétendre ?

Regarderait-on comme injuste, de nos jours, un riche bourgeois qui, renonçant à la propriété de cent hectares de terre en faveur de vingt familles honnêtes et laborieuses, se contenterait d'exiger d'elles, tous les ans, la dixième partie des récoltes perçues ? Évidemment, non. Eh ! bien, les droits féodaux n'ont point d'autre origine, à Montaigut, comme ailleurs. On ne réfléchit pas assez, lorsqu'on blâme, à tout hasard, des pratiques basées sur la générosité des grands, au moyen-âge, autant que sur la justice.

Que les princes et les nobles aient eu une pensée d'intérêt dans la fondation des bastides, c'est hors de doute. Mais il est également certain que ces milliers de villes nouvelles écloses, du dixième au quatorzième siècle, sous la main des rois et de l'Église ont assuré la protection des peuples, contribué à la réunion en commune municipale. Elles ont aussi favorisé la création des bourgeoisies qui s'enrichirent pour devenir à leur tour des pépinières de la noblesse. Celle-ci vendit, en effet, aux bourgeois des fiefs militaires et ne craignit pas de leur donner ses filles en mariage. Ces unions fournirent à la France ses meilleurs défenseurs.

Mais pourquoi insister plus longtemps sur un régime dont le temps était fini dans nos contrées, lorsque Dieu, pour punir des abus trop

(1) *Archives de Villeneuve-de-Marsan.* — Toujouse.

criants peut-être — l'homme abusa toujours des meilleures institutions — le supprima pour jamais par la main de la Révolution? Mieux vaut poursuivre l'étude d'un fief qui changea si souvent de seigneur et de maître durant sa vie communale.

Nous l'avons vu passer tour à tour de Pierre Arnaud de Béarn à Robin de Benquet, au chapitre du Saint-Esprit de Bayonne et au seigneur de Valier.

Ce dernier, seigneur de Pujo, acquit la terre de Montaigut avec la haute justice de la petite ville, à une époque clairement indiquée dans les documents placés sous nos yeux. Le *Verbal* de l'achat de cette juridiction, de celles de Pujo et de Maurrin porte, en effet, la date du 4 mai 1596. (1)

La terre de Montaigut, d'après le *Procès-verbal de Charles IX sur les ravages des Protestants dans le diocèse d'Aire*, aurait appartenu au seigneur de Bellegarde, dans le cours du seizième siècle. « Les fermiers du seigneur de Bellegarde, seigneur de Montagut y perçoivent tous les fruits depuis trois ans » dit ce document rédigé en 1572. S'il nous est impossible d'expliquer comment le seigneur de Bellegarde jouit des revenus de Montaigut, à l'époque des guerres de Religion, nous savons du moins que cette baronnie appartenait à la famille de Poyanne, au dix-septième siècle, ainsi qu'au dix-huitième.

L'*Inventaire* des archives du château de Poyanne mentionnent « *l'arpentement* des biens de M. de Cours à Montaigut » et ce document signale la vente des fiefs de ces biens *consentie par M. de Poyanne* en faveur du sieur de Cours, le 28 oct. 1680, (p. 157). « Par ce contrat, est-il dit, il a esté vendu dix-sept livres dix sols à raison d'un sol par journal et par ledit arpentement, il conste que le sieur de Cours possède trois cens soixante-un journal dix lattes et demie. Si led. arpentement est juste, le sieur de Cours doit annuellement pour ses biens de Montaigut, onze sols et demi de fief avec les arrérages. »

« Sous Mgr de Gaujac, dit la *Revue de Gascogne*, t. XIV, p. 369, l'archif (2) payé par le marquis de Poyanne, pour Montaigut, dont il était

---

(1) *Inventaire des titres de la maison de Poyanne*, p. 192. L'original de l'acte d'acquisition du domaine de Montaigut par noble de Valier fut confié le 16 juillet 1678, à M. de Béon, dit l'*Inventaire* (p. 193).

(2) Les rois Carlovingiens attribuèrent aux seigneurs laïques la dîme générale des terres, dit M. Légé, pour les intéresser à leur défense contre les Sarrazins, mais avec réserve d'une partie suffisante pour l'entretien des ministres sacrés. Les droits réservés à l'évêque furent désignés sous le nom d'*archifs* dans le diocèse d'Aire.

patron, consistait en trois *kas* et demi de bon froment et en quatre *kas* de seigle. » La baronnie de Montaigut dépendait donc alors encore de la maison de Poyanne.

Après avoir appartenu à l'archiprêtré du *Plan*, cette paroisse fut incorporée par les évêques d'Aire dans celui de Mauléon. (1) En 1751, le revenu fixe de la Fabrique était de 180 à 200 fr., à Montaigut, et de 400 à 500 fr., au Bourdalat, son annexe. Aussi, ces églises avaient-elles en caisse, la première, une avance de 1450 fr. et la seconde une réserve de 6500 fr.

De 1740 à 1751, au moins, J.-B. Lagardère était curé de Montaigut, qui faisait partie de la conférence de Monguillem, d'après le *Pouillé du diocèse d'Aire* (p. 43). D'abord chef-lieu de paroisse, la commune de Montaigut n'est plus qu'une annexe de Gaube, dans le canton de Villeneuve-de-Marsan. Le curé du Bourdalat en a longtemps fait le service en ce siècle. Triste retour des choses d'ici bas ! St-Jean du Bourdalat, annexe de Montaigut, en 1583 (*Pouillé*, p..82) et *Gaube dessus* (*Gauba superna*, par opposition à *Gaube Jusan*), annexe de la même église au quatorzième siècle, selon le *Livre rouge d'Aire*, ont tour à tour vu passer cette paroisse, *comme annexe*, sous la juridiction de leurs curés.

Après le Concordat, (1802), Montaigut fit partie de l'arrondissement de Mont-de-Marsan, se trouva compris dans le canton de Villeneuve-de-Marsan et appartint au doyenné de ce nom. M. Cousseillat a été le premier curé de la paroisse, devenue *annexe* du Bourdalat.

La Révolution fut fatale à son dernier seigneur. Montaigut, avons-nous dit précédemment, était dans le domaine de la maison de Poyanne au dix-huitième siècle. Or, le marquis Charles-Léonard de Poyanne, né à Dax, le 13 mars 1718 et mort à St-Mandé, près de Paris, le 30 mai 1781, ne laissa que deux filles de son mariage avec demoiselle Charlotte-Louise du Bois de Fenne, fille d'Olivier du Bois, marquis de Leuville. (2) Ce furent : 1° Henriette-Rosalie ; 2° Caroline-Rosalie.

Celle-ci épousa Charles de Talleyrand-Périgord, prince de Chalais. L'aînée se maria le 17 fév. 1764 avec Maximilien-Alexis de Béthune, duc de Sully, et lui apporta toutes les terres de la maison de Baylens de Poyanne, après la mort de sa mère et de son père. Montaigut entrait ainsi dans le domaine des Béthune.

---

(1) V. le *Pouillé du diocèse d'Aire* (p. 81), la *Rev. de Gasc.* t. XIV, p. 336.
(2) Archives particulières de M. le comte de Maquillé, à *Harbaud* (Bourdalat-Landes).

Henriette-Rosalie de Poyanne n'ayant eu qu'une fille de son mariage avec le duc de Béthune-Sully, Maximilienne-Augustine-Henriette, lui donna pour époux le 15 janvier 1790, messire Arnaud-Louis-François Edme de Béthune de Charost, né le 5 août 1770 et fils unique du premier mariage du fameux duc de Charost, Arnaud Joseph duc de Béthune duc de Charost, dit le *Père de l'humanité souffrante*, maréchal de camp des armées du roi et lieutenant-général en Picardie.

La Révolution grondait alors, menaçante et terrible. Traduit devant le tribunal de la Terreur à Paris, le jeune et infortuné duc de Béthune-Charost fut condamné à mort et exécuté le 9 floréal, an II de la République, comme le constate ce laconique acte de décès emprunté au *Registre des décès de Paris*, en date du 20 floréal, an II de la République :
« Acte de décès de Arnaud-Louis-François Edme Béthune de Charost, du neuf de ce mois, cy-devant duc, âgé de 23 ans, natif de Paris, domicilié à Calais ». (1)

Sa jeune femme fut elle-même jetée dans les prisons de la Nation et tous ses biens tombèrent sous le séquestre de la Révolution pour être vendus. Montaigut était du nombre. Remise en liberté, la malheureuse duchesse réclama ses domaines « en prouvant la renonciation par elle faite à la communauté des biens avec son mari. » D'ailleurs, elle n'avait point émigré.

Elle se pourvut ensuite devant la Convention, afin de faire prononcer la nullité des ventes accomplies sous le faux prétexte d'*émigration*. Un *arrêté du comité de législation* rendu le 21 pluviôse, an III, la réintégra dans la propriété des domaines non vendus, tels que ceux de Monguillem, Toujouse, Bourdalat ; mais pour les autres, on lui promit simplement de lui payer les sommes résultant de leur vente et perçues par les caisses de l'Etat.

En perdant son dernier seigneur, tombé sous le couperet de la guillotine en 1793, Montaigut perdit ses anciens privilèges et l'importance relative que la petite cité empruntait au siège de sa justice et à son titre curial. Montaigut n'est plus qu'un petit bourg assis sur un riant plateau qui domine la plaine du Midou. Les maisons disposées autour de

---

(1) *Archives du château de Poyanne*. — Le jeune de Béthune fut condamné à la peine capitale sous le prétexte allégué pour tous les nobles soumis au même sort, c'est-à-dire « comme convaincu d'être complice de conspirations tendantes à opprimer le peuple, exciter la guerre civile et rétablir le despotisme. »

sa belle place centrale rappellent encore l'ordonnance des bastides du moyen-âge. Mais la vie semble s'être retirée de son enceinte, depuis le jour où la main de la Révolution lui arracha sa couronne baronnale !

www.ingramcontent.com/pod-product-compliance
Lightning Source LLC
Chambersburg PA
CBHW070715050426
42451CB00008B/658